Impressum
Verlag: BABADADA GmbH, Nedderfeld 112 , 22529 Hamburg
Geschäftsführer / Verlagsleitung: Harald Hof
Druck: Books on Demand GmbH, In de Tarpen 42, 22848 Norderstedt

Imprint
Publisher: BABADADA GmbH, Nedderfeld 112 , 22529 Hamburg, Germany
Managing Director / Publishing direction: Harald Hof
Print: Books on Demand GmbH, In de Tarpen 42, 22848 Norderstedt

école
school

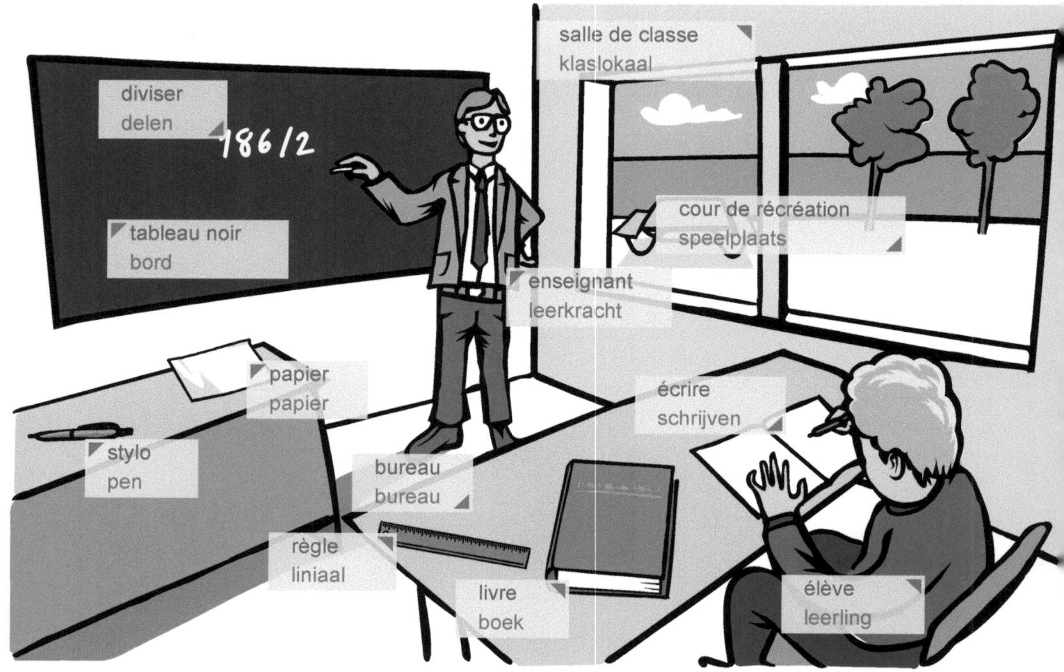

salle de classe
klaslokaal
diviser
delen
186/2
tableau noir
bord
cour de récréation
speelplaats
enseignant
leerkracht
papier
papier
écrire
schrijven
stylo
pen
bureau
bureau
règle
liniaal
livre
boek
élève
leerling

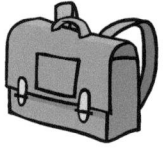

sac d'école

schooltas

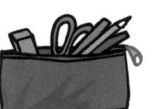

trousse

pennenzak

crayon

potlood

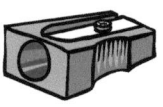

taille-crayon

puntenslijper

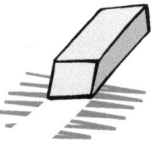

gomme

gom

carnet à dessin

tekenblok

dessin

tekening

pinceau

verfborstel

boîte de peinture

verfdoos

ciseaux

schaar

colle

lijm

cahier d'exercices

werkboek

tâches

huiswerk

chiffre

nummer

additionner

optellen

soustraire

aftrekken

multiplier

vermenigvuldigen

calculer

rekenen

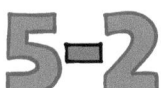

lettre

letter

alphabet

alfabet

mot

woord

texte
tekst

lire
Lezen

craie
krijt

leçon
les

livre de classe
klassenboek

examen
examen

certificat
certificaat

uniforme scolaire
schooluniform

formation
onderwijs

lexique
encyclopedie

université
universiteit

microscope
microscoop

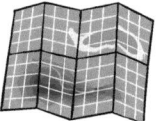

carte
kaart

corbeille à papier
papiermand

école - school

hôtel
hotel

Grand

auberge
jeugdherberg

ROOMS

bureau de change
wisselkantoor

ECHANGE

valise
koffer

voiture
auto

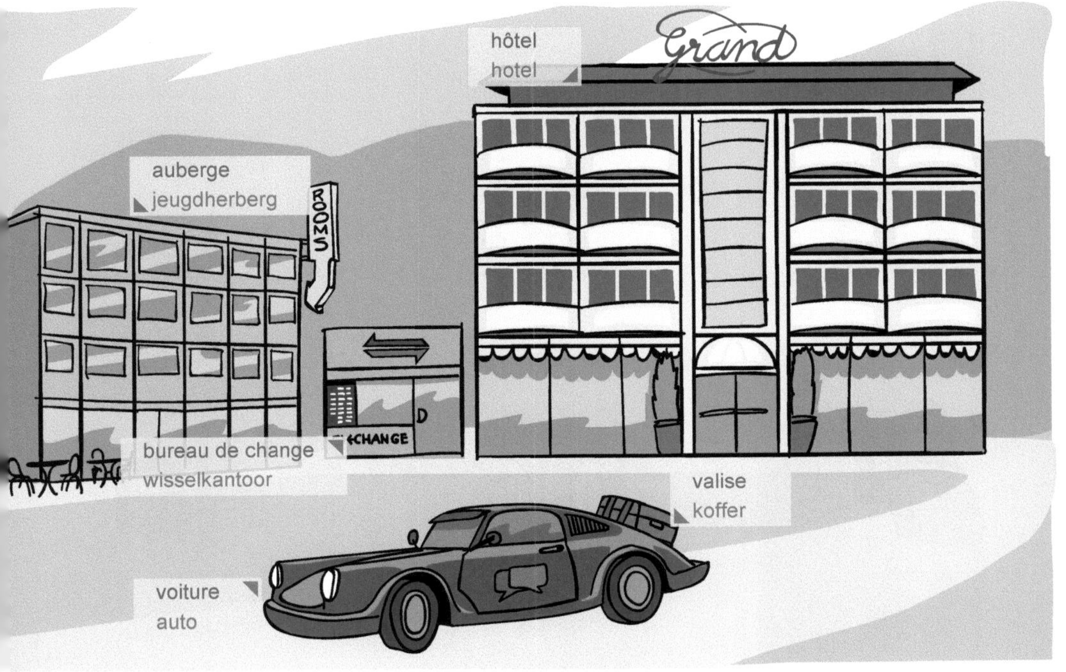

langue

Taal

oui / non

ja / nee

d'accord

oké

Salut

hallo

interprète

vertaler

merci

bedankt

Combien coûte...?

Hoeveel kost ...?

Je ne comprends pas

Ik begrijp het niet

problème

probleem

Bonsoir!

Goedenavond!

Bonjour!

Goedemorgen!

Bonne nuit!

Goedenavond!

Au revoir

Tot ziens

direction

richting

bagages

bagage

sac

zak

sac-à-dos

rugzak

hôte

gast

pièce

kamer

sac de couchage

slaapzak

tente

tent

office de tourisme

toeristeninformatie

plage

strand

carte de crédit

kredietkaart

petit-déjeuner

ontbijt

déjeuner

lunch

dîner

avondeten

billet

ticket

ascenseur

lift

timbre

postzegel

frontière

grens

douane

douane

ambassade

ambassade

visa

visum

passeport

paspoort

transport

transport

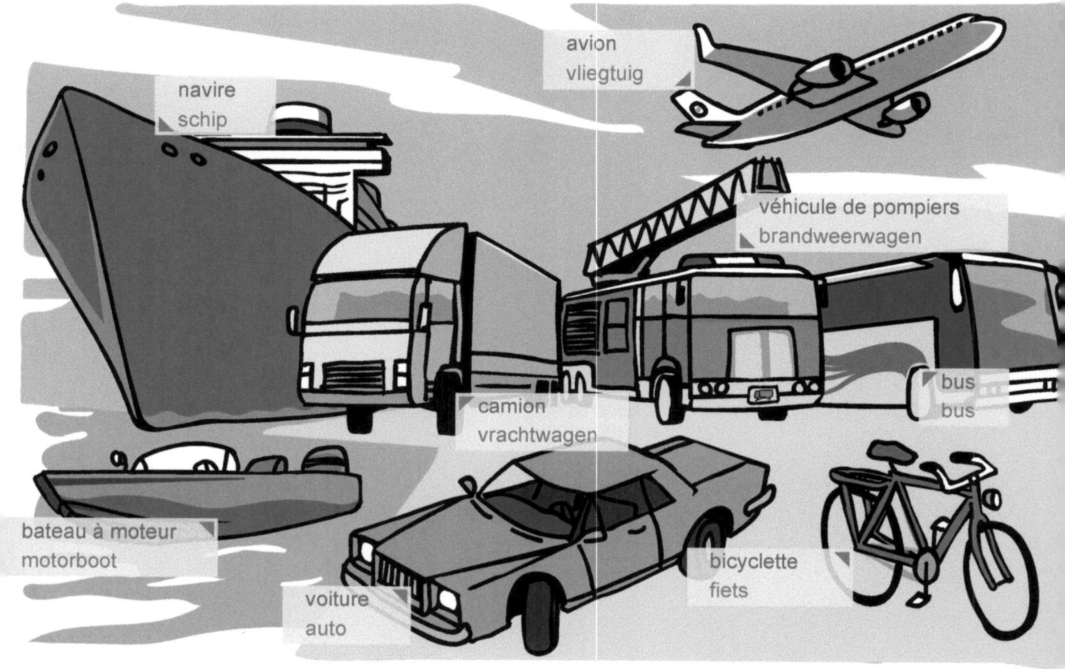
avion
vliegtuig
navire
schip
véhicule de pompiers
brandweerwagen
bus
bus
camion
vrachtwagen
bateau à moteur
motorboot
bicyclette
fiets
voiture
auto

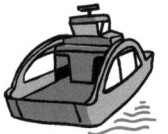

ferry

veerboot

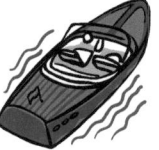

barque

boot

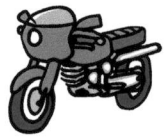

moto

motor

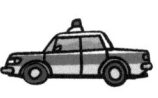

voiture de police

politiewagen

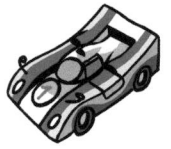

voiture de course

racewagen

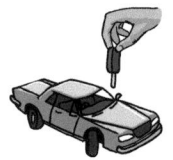

voiture de location

huurauto

autopartage

carpoolen

dépanneuse

sleepwagen

benne à ordures

vuilniswagen

moteur

motor

essence

benzine

station d'essence

benzinestation

panneau indicateur

verkeersbord

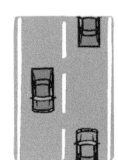

trafic

verkeer

embouteillage

file

parking

parkeerplaats

gare

station

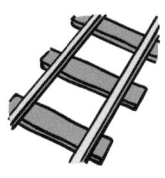

rails

sporen

train

trein

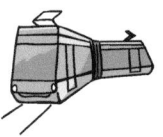

tram

tram

wagon

wagon

hélicoptère

helikopter

aéroport

luchthaven

tour

toren

passager

passagier

container

container

carton

karton

chariot

kar

corbeille

mand

décoller / atterrir

opstijgen / landen

ville

stad

village

dorp

centre-ville

stadscentrum

maison

huis

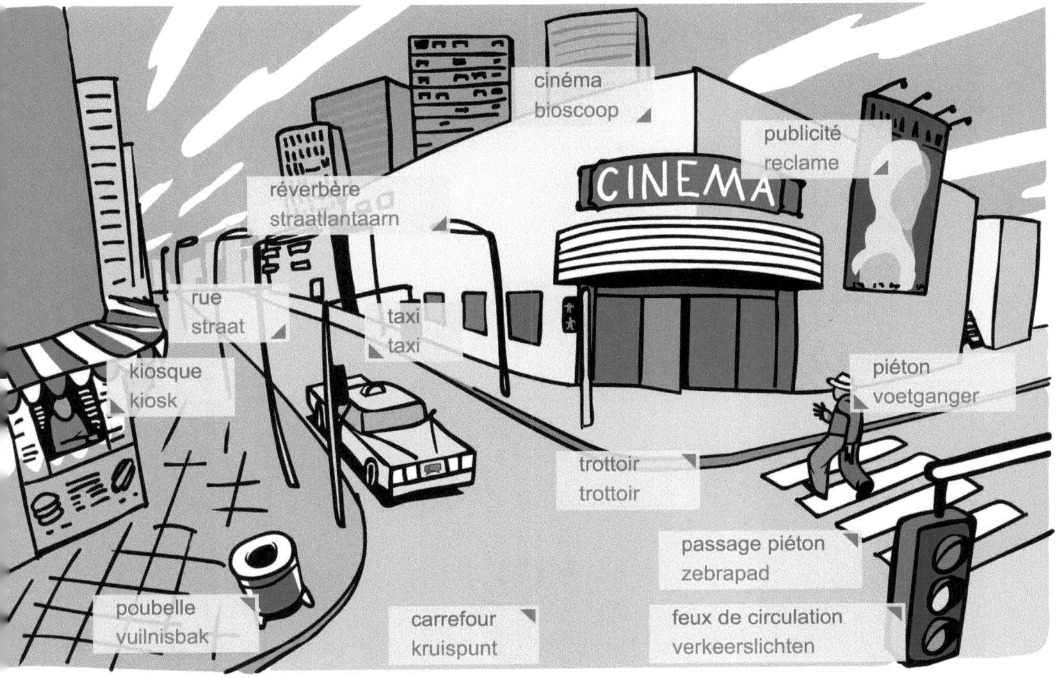

cinéma
bioscoop

publicité
reclame

réverbère
straatlantaarn

CINEMA

rue
straat

taxi
taxi

piéton
voetganger

kiosque
kiosk

trottoir
trottoir

passage piéton
zebrapad

poubelle
vuilnisbak

carrefour
kruispunt

feux de circulation
verkeerslichten

cabane

hut

appartement

woning

gare

station

mairie

stadshuis

musée

museum

école

school

ville - stad

université
universiteit

banque
bank

hôpital
ziekenhuis

hôtel
hotel

pharmacie
apotheek

bureau
kantoor

librairie
boekwinkel

magasin
winkel

fleuriste
bloemenwinkel

supermarché
supermarkt

marché
markt

grand magasin
warenhuis

poissonnerie
vishandelaar

centre commercial
winkelcentrum

port
haven

parc
park

banque
bank

pont
brug

escaliers
trap

métro
metro

tunnel
tunnel

arrêt de bus
bushalte

bar
bar

restaurant
restaurant

boîte à lettres
brievenbus

panneau indicateur
straatnaambord

parcomètre
parkeermeter

zoo
zoo

réverbère
zwembad

mosquée
moskee

ville - stad

ferme

boerderij

pollution

milieuverontreiniging

cimetière

kerkhof

église

kerk

aire de jeux

speelplaats

temple

tempel

paysage
landschap

feuille
blad

panneau indicateur
wegwijzer

chemin
weg

pré
weide

pierre
steen

arbre
boom

randonneur
wandelaar

rivière
rivier

herbe
gras

fleur
bloem

vallée
vallei

montagne
heuvel

lac
meer

forêt
bos

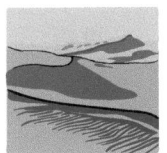

désert
woestijn

volcan
vulkaan

château
kasteel

arc-en-ciel
regenboog

champignon
paddenstoel

palmier
palmboom

moustique
mug

mouche
vlieg

fourmis
mier

abeille
bijl

araignée
spin

scarabée

kever

grenouille

kikker

écureuil

eekhoorn

hérisson

egel

lapin

haas

chouette

uil

oiseau

vogel

cygne

zwaan

sanglier

wild zwijn

cerf

hert

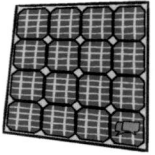

élan

eland

barrage

dam

éolienne

windturbine

panneau solaire

zonnepaneel

climat

klimaat

paysage - landschap

restaurant
restaurant

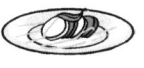

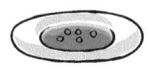

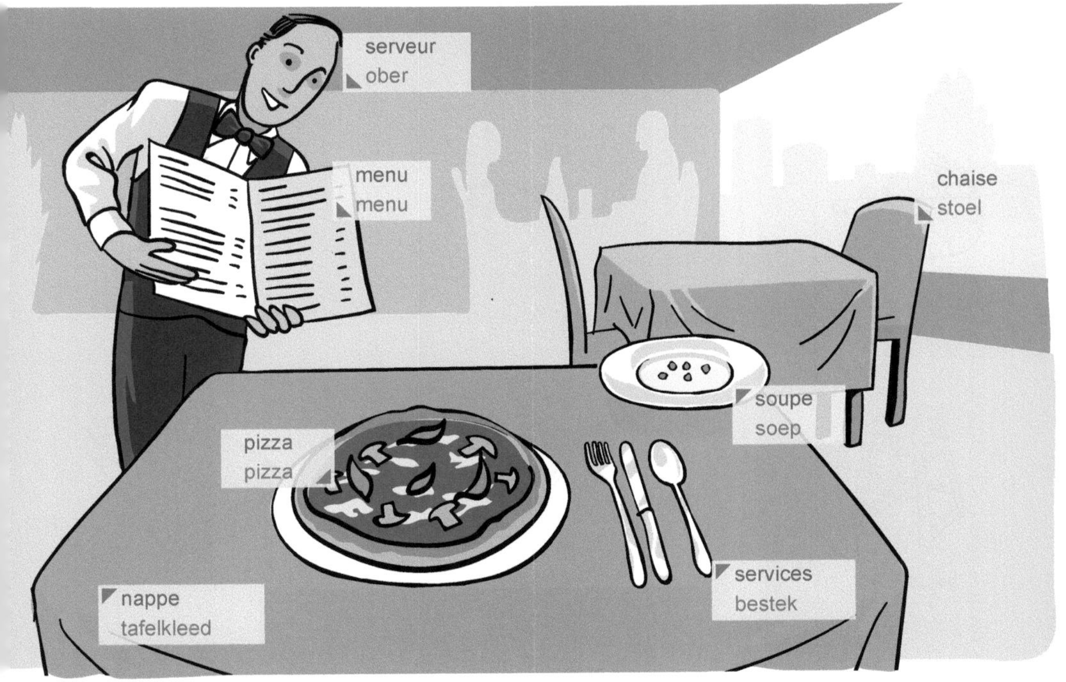
serveur
ober
menu
menu
chaise
stoel
soupe
soep
pizza
pizza
services
bestek
nappe
tafelkleed

hors d'œuvre

voorgerecht

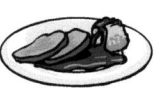

plat principal

hoofdgerecht

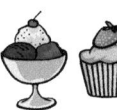

dessert

nagerecht

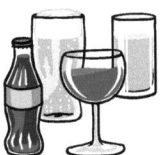

boissons

drankjes

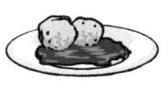

alimentation

eten

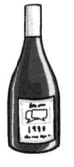

bouteille

fles

fast-food

fastfood

plats à emporter

street food

théière

theepot

sucrier

suikerpot

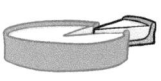

portion

portie

machine à expresso

espressomachine

chaise haute

kinderstoel

facture

rekening

plateau

dienblad

couteau

mes

fourchette

vork

cuillère

lepel

cuillère à thé

theelepel

serviette

serviette

verre

glas

restaurant - restaurant

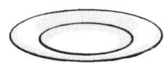

assiette

bord

assiette à soupe

soepbord

soucoupe

schoteltje

sauce

saus

salière

zoutvatje

moulin à poivre

pepermolen

vinaigre

azijn

huile

olie

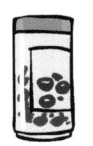

épices

kruiden

ketchup

ketchup

moutarde

mosterd

mayonnaise

mayonaise

supermarché
supermarkt

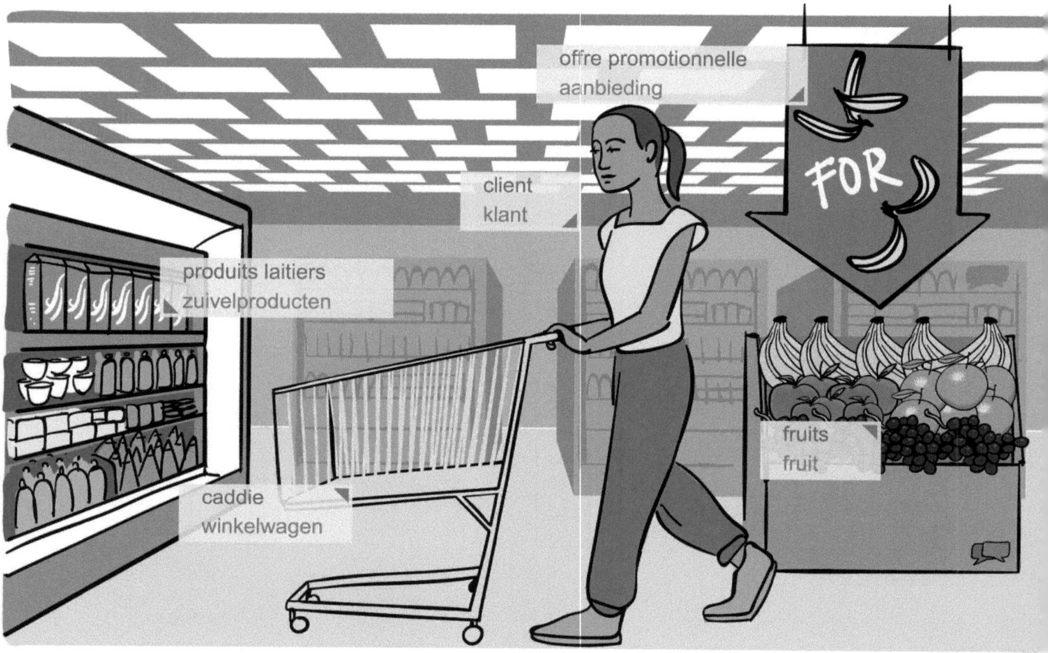

offre promotionnelle
aanbieding
FOR
client
klant
produits laitiers
zuivelproducten
fruits
fruit
caddie
winkelwagen

BUTCHERS

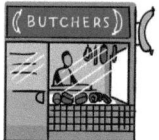

boucherie

slagerij

BAKERY

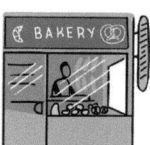

boulangerie

bakkerij

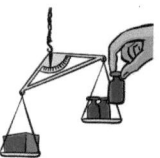

peser

wegen

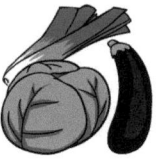

légumes

groenten

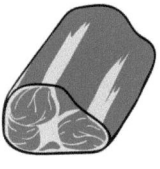

viande

vlees

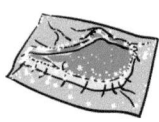

aliments surgelés

diepvriesvoedsel

charcuterie

charcuterie

conserves

conserven

poudre à lessive

waspoeder

bonbons

snoep

articménagers

huishoudproducten

détergents

schoonmaakproducten

vendeuse

verkoopster

caisse

kassa

caissier

kassier

liste d'achats

boodschappenlijstje

heures d'ouverture

openingstijden

portefeuille

portefeuille

carte de crédit

kredietkaart

sac

tas

sac en plastique

plastieken zakje

eau
water

jus de fruit
sap

lait
melk

coca
cola

vin
wijn

bière
bier

alcool
alcohol

chocolat chaud
cacao

thé
thee

café
koffie

expresso
espresso

cappuccino
cappuccino

banane

banaan

pomme

appel

orange

sinaasappel

melon

meloen

citron

citroen

carotte

wortel

ail

knoflook

bambou

bamboe

oignon

ajuin

champignon

champignon

noisettes

noten

pâtes

noodles

spaghettis

spaghetti

riz

rijst

salade

salade

frites

frieten

pommes de terre rôties

gebakken aardappelen

pizza

pizza

hamburger

hamburger

sandwich

sandwich

escalope

kalfslapje

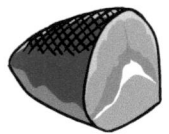

jambon

ham

salami

salami

saucisse

worst

poulet

kip

rôti

braden

poisson

vis

alimentation - eten

flocons d'avoine

havervlokken

muesli

muesli

cornflakes

cornflakes

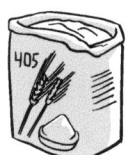

farine

bloem

croissant

croissant

petits-pains

pistolet

pain

brood

pain grillé

toast

biscuits

koekjes

beurre

boter

fromage blanc

kwark

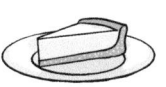

gâteau

taart

œuf

ei

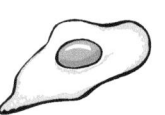

œuf au plat

spiegelei

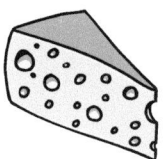

fromage

kaas

glace

ijs

sucre

suiker

miel

honing

confiture

confituur

crème nougat

choco

curry

curry

ferme
boerderij

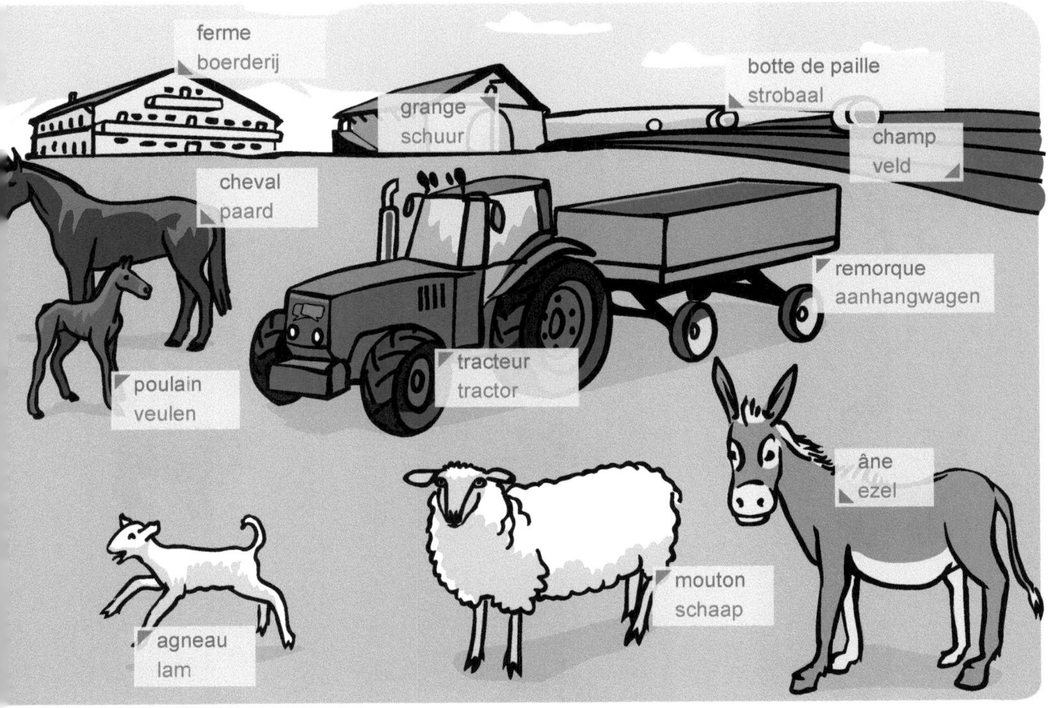
ferme
boerderij
grange
schuur
botte de paille
strobaal
champ
veld
cheval
paard
remorque
aanhangwagen
tracteur
tractor
poulain
veulen
âne
ezel
mouton
schaap
agneau
lam

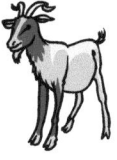

chèvre

geit

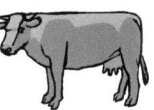

vache

koe

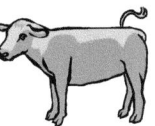

veau

kalf

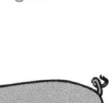

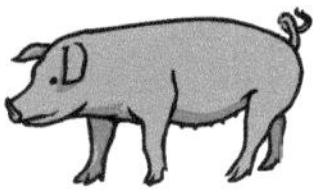

porc

varken

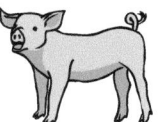

porcelet

biggetje

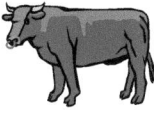

taureau

stier

oie

gans

canard

eend

poussin

kuiken

poule

kip

coq

haan

rat

rat

chat

kat

souris

muis

bœuf

os

chien

hond

chenil

hondenhok

tuyau de jardin

tuinslang

arrosoir

gieter

faucheuse

zeis

charrue

ploeg

ferme - boerderij

faucille
sikkel

pioche
schoffel

fourche
hooivork

hache
bijl

brouette
kruiwagen

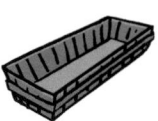

cuve
trog

pot à lait
melkkan

sac
zak

clôture
hek

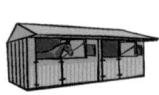

étable
stal

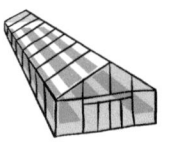

serre
broeikas

sol
bodem

semences
zaad

engrais
mest

moissonneuse-batteuse
maaidorser

récolter

oogsten

récolte

oogst

igname

yam

blé

tarwe

soja

soja

pomme de terre

aardappel

maïs

maïs

colza

koolzaad

arbre fruitier

fruitboom

manioc

maniok

céréales

graan

ferme - boerderij

maison
huis

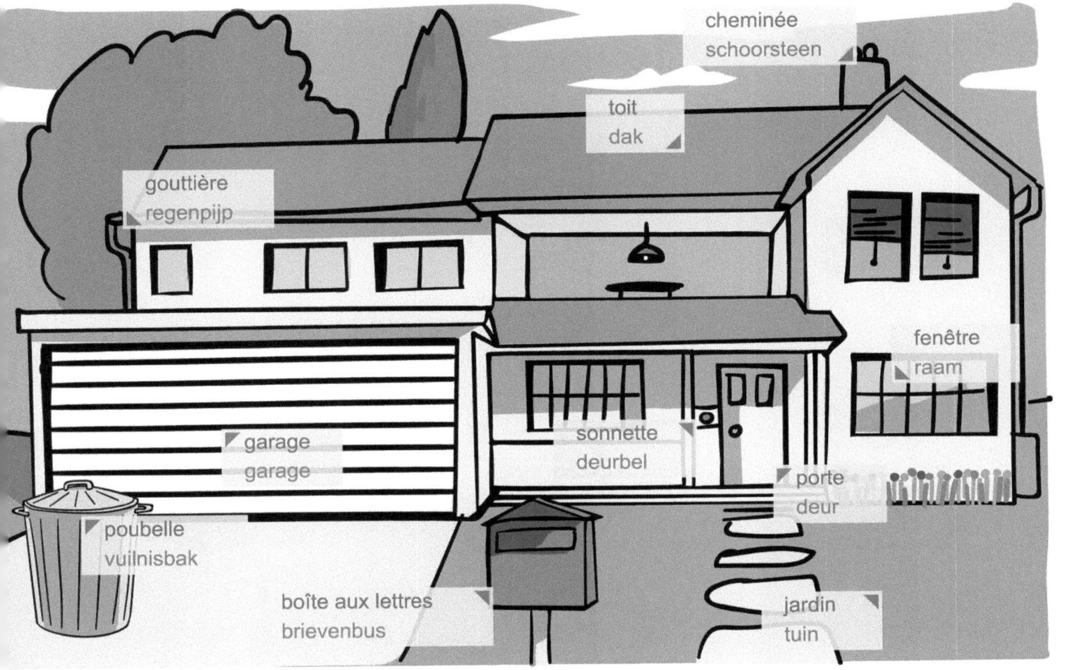
cheminée
schoorsteen
toit
dak
gouttière
regenpijp
fenêtre
raam
garage
garage
sonnette
deurbel
porte
deur
poubelle
vuilnisbak
boîte aux lettres
brievenbus
jardin
tuin

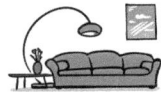

salon

woonkamer

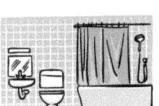

chambre de bain

badkamer

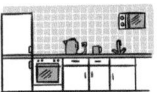

cuisine

keuken

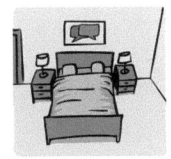

chambre à coucher

slaapkamer

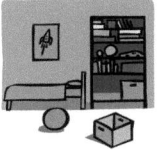

chambre d'enfant

kinderkamer

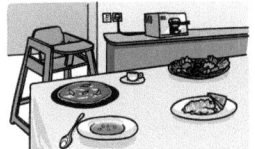

salle à manger

eetkamer

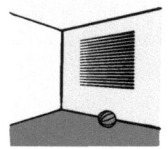

sol
vloer

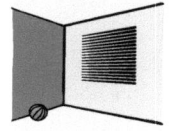

mur
muur

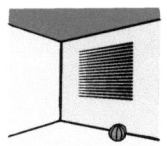

plafond
plafond

cave
kelder

sauna
sauna

balcon
balkon

terrasse
terras

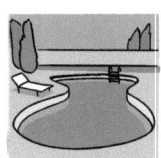

piscine
zwembad

tondeuse à gazon
grasmaaier

fourre de duvet
dekbedovertrek

couette
dekbed

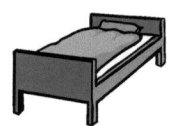

lit
bed

balai
bezem

sceau
emmer

interrupteur
schakelaar

salon

woonkamer

papier peint
behangpapier
image
foto
lampe
lamp
étagère
schap
armoire
kast
télé
televisie
cheminée
open haard
fleur
bloem
coussin
kussen
canapé
sofa
vase
vaas
télécommande
afstandsbediening

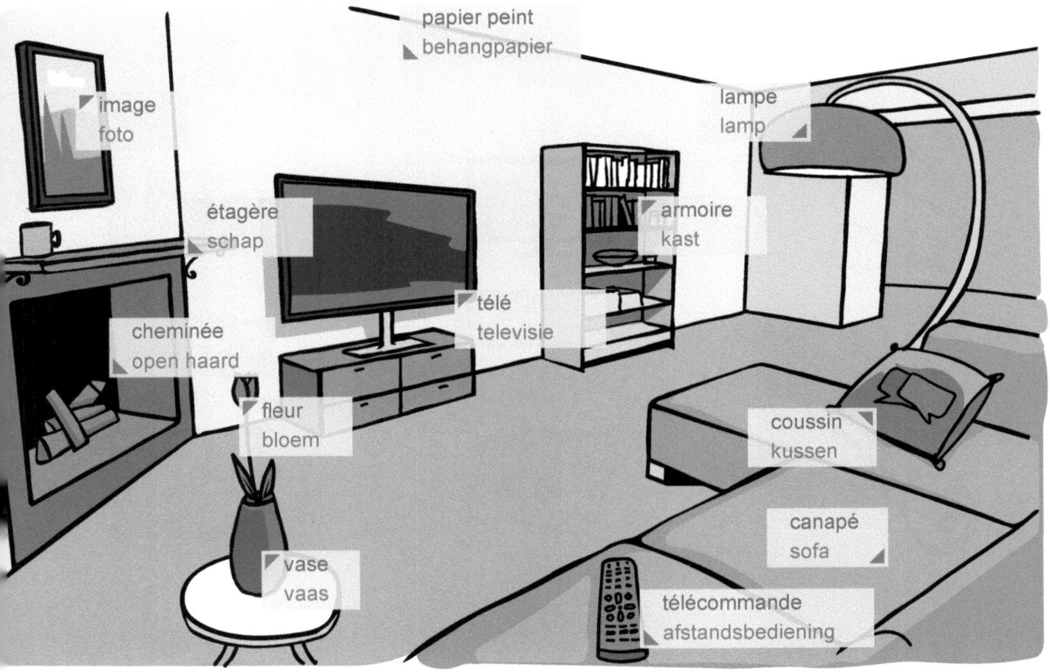

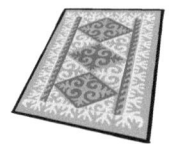

tapis

mat

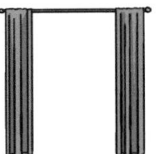

rideau

gordijn

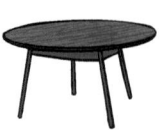

table

tafel

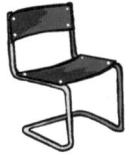

chaise

stoel

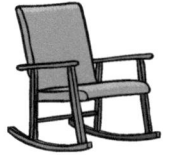

chaise à bascule

schommelstoel

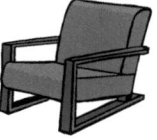

fauteuil

fauteuil

livre

boek

couverture

deken

décoration

decoratie

bois de chauffage

brandhout

film

film

chaîne hi-fi

stereo-installatie

clé

sleutel

journal

krant

peinture

schilderij

poster

poster

radio

radio

bloc-notes

notitieboekje

aspirateur

stofzuiger

cactus

cactus

bougie

kaars

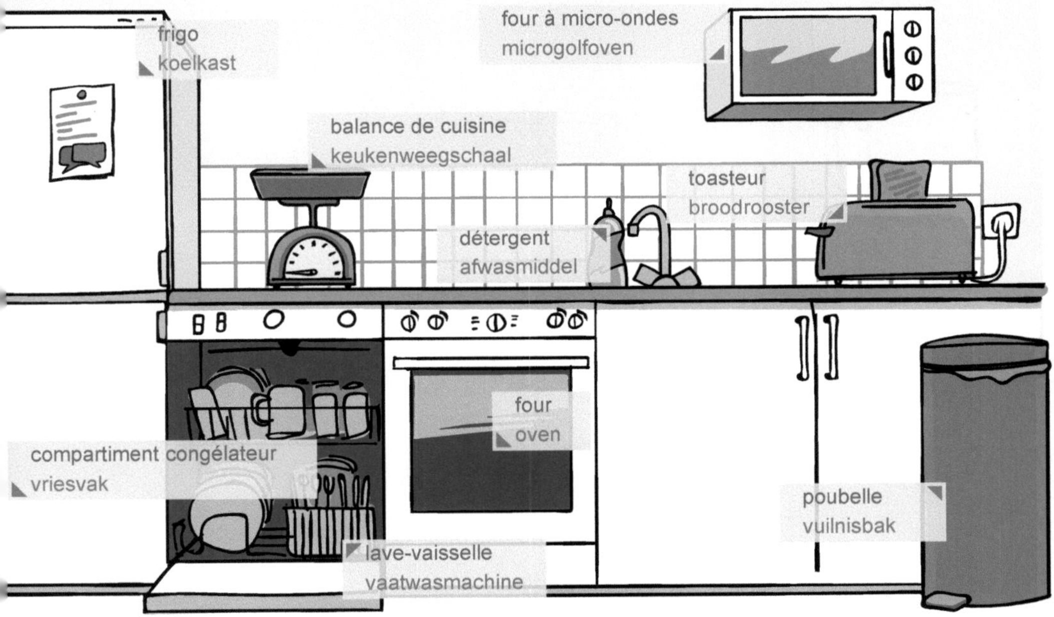

four à micro-ondes
microgolfoven

frigo
koelkast

balance de cuisine
keukenweegschaal

toasteur
broodrooster

détergent
afwasmiddel

four
oven

compartiment congélateur
vriesvak

poubelle
vuilnisbak

lave-vaisselle
vaatwasmachine

four
....
fornuis

casserole
....
pot

marmite
....
gietijzeren pot

wok/kadai
....
wok / kadai

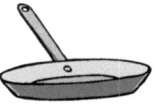

poêle
....
pan

bouilloire électrique
....
waterkoker

cuiseur vapeur

stoomkoker

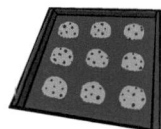

plaque de cuisson

bakplaat

vaisselle

servies

gobelet

mok

bol

kom

baguettes

eetstokjes

louche

pollepel

spatule

spatel

fouet

garde

passoire

vergiet

tamis

zeef

râpe

rasp

mortier

mortier

barbecue

barbecue

cheminée

haardvuur

planche à découper
....
snijplank

rouleau à pâtisserie
....
deegrol

tire-bouchon
....
kurkentrekker

boîte
....
blik

ouvre-boîte
....
blikopener

maniques
....
pannenlap

lavabo
....
gootsteen

brosse
....
borstel

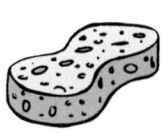

éponge
....
spons

mixeur
....
blender

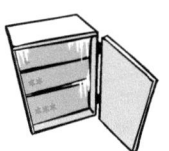

congélateur
....
vriezer

biberon
....
papfles

robinet
....
kraan

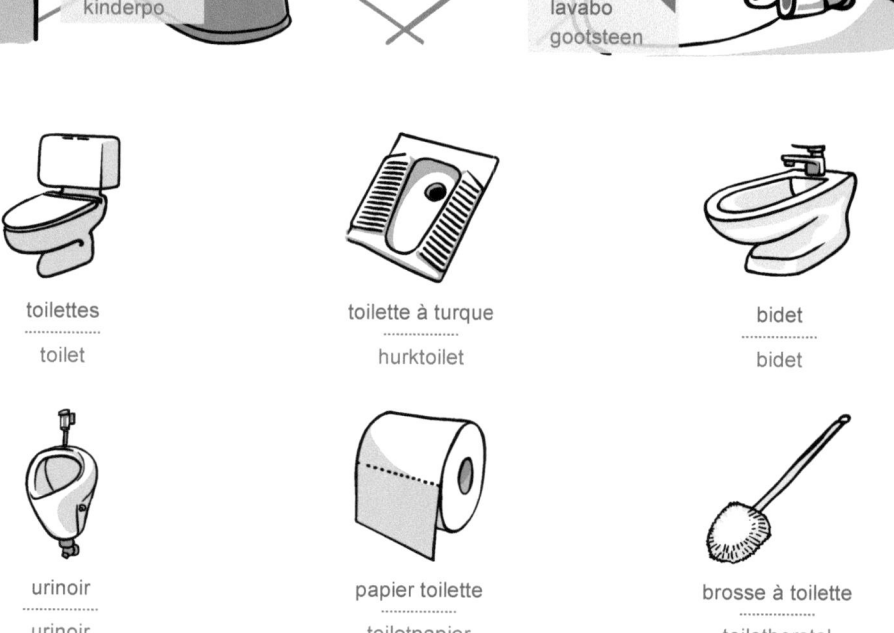

chambre de bain
badkamer

douche
douche
chauffage
verwarming
serviette
handdoek
rideau de douche
douchegordijn
bain moussant
bubbelbad
baignoire
badkuip
verre
glas
machine à laver
wasmachine
robinet
kraan
carrelage
tegels
pot
kinderpo
lavabo
gootsteen

toilettes

toilet

toilette à turque

hurktoilet

bidet

bidet

urinoir

urinoir

papier toilette

toiletpapier

brosse à toilette

toiletborstel

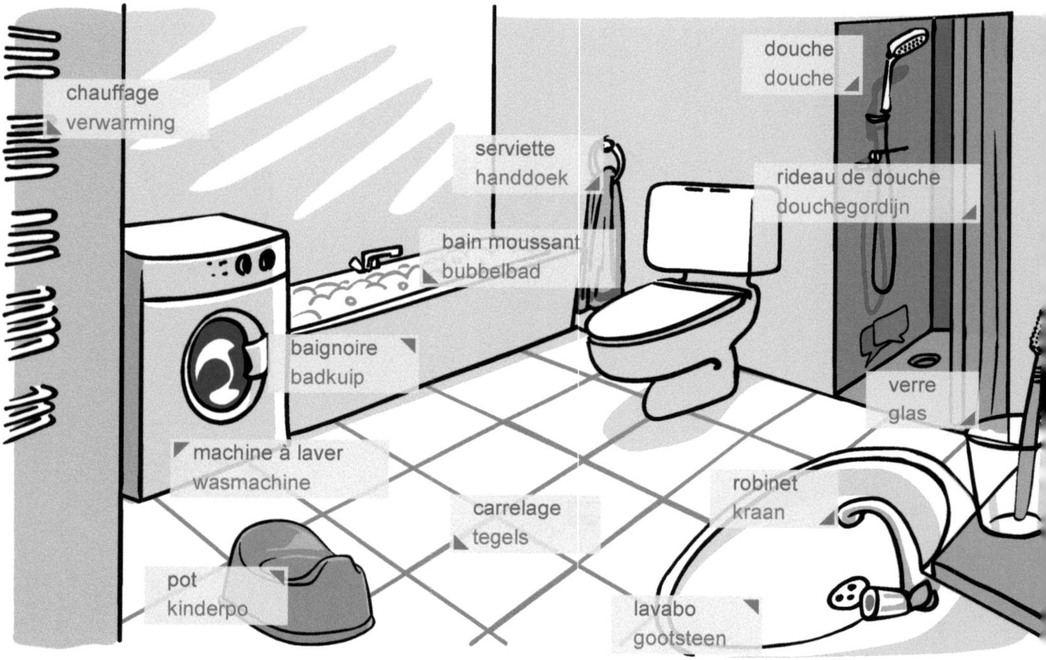

brosse à dents

tandenborstel

dentifrice

tandpasta

fil dentaire

flosdraad

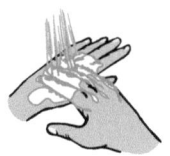

laver

wassen

douche manuelle

handdouche

douche intime

bidethanddouche

vasque

waskom

brosse dorsale

rugborstel

savon

zeep

gel douche

douchegel

shampooing

shampoo

gant de toilette

washandje

écoulement

afvoer

crème

crème

déodorant

deodorant

miroir

spiegel

miroir cosmétique

handspiegel

rasoir

scheermes

mousse à raser

scheerschuim

après-rasage

aftershave

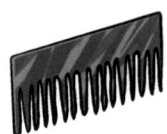

peigne

kam

brosse

borstel

sèche-cheveux

haardroger

laque pour cheveux

haarlak

fond de teint

make-up

rouge à lèvres

lippenstift

vernis à ongles

nagellak

ouate

watten

coupe-ongles

nagelknipper

parfum

parfum

trousse de toilette

toilettas

tabouret

kruk

balance

weegschaal

peignoir

badjas

gants de nettoyage

latex handschoenen

tampon

tampon

serviettes hygiéniques

maandverband

toilette chimique

chemisch toilet

chambre d'enfant
kinderkamer

réveil
wekker
doudou
knuffel
voiture jouet
speelgoedauto
hochet
rammelaar
maison de poupée
poppenhuis
cadeau
geschenk

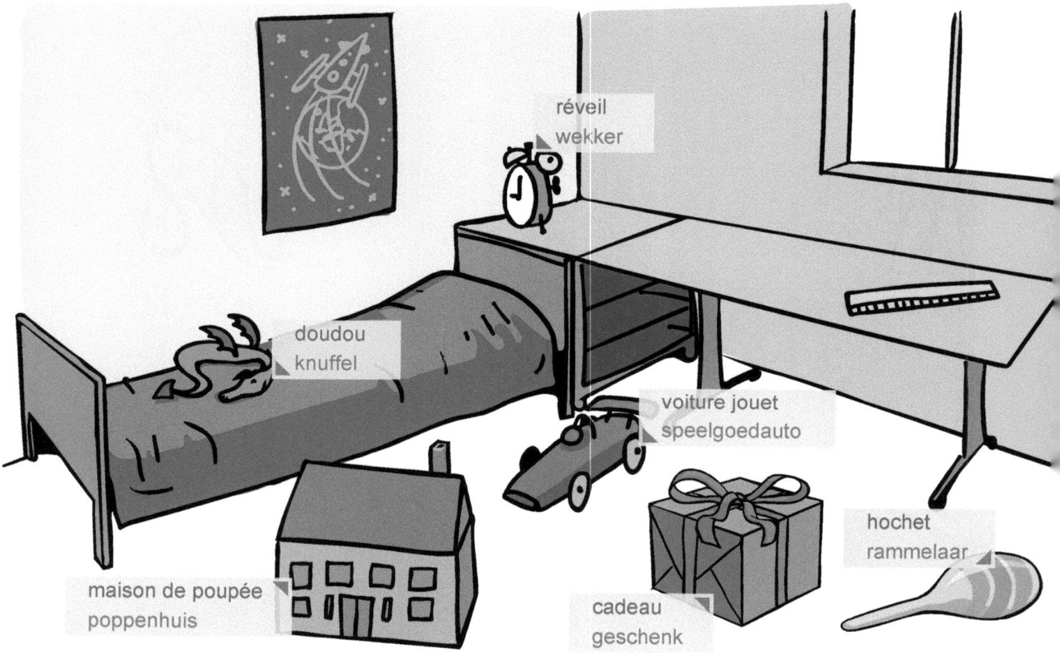

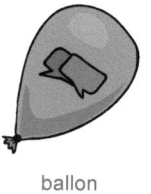

ballon
ballon

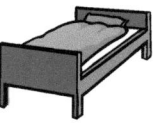

lit
bed

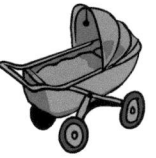

poussette
kinderwagen

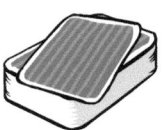

jeu de cartes
spel kaarten

puzzle
puzzel

SUPER
MEGA

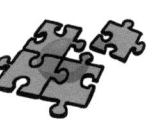

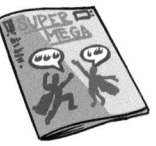

bande dessinée
stripboek

pièces lego

legoblokjes

blocs de construction

blokken

figurine

actiefiguur

grenouillère

kruippakje

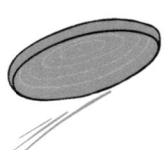

frisbee

frisbee

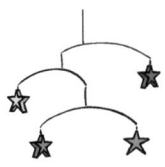

mobile

mobiel

jeu de société

bordspel

dé

dobbelsteen

train miniature

modelspoorweg

sucette

fopspeen

fête

feest

livre d'images

prentenboek

balle

bal

poupée

pop

jouer

spelen

bac à sable

zandbak

balançoire

schommel

jouets

speelgoed

console de jeu

spelconsole

tricycle

driewieler

ours en peluche

knuffelbeer

armoire

kleerkast

vêtements
kleding

chaussettes

sokken

bas

kousen

collant

maillot

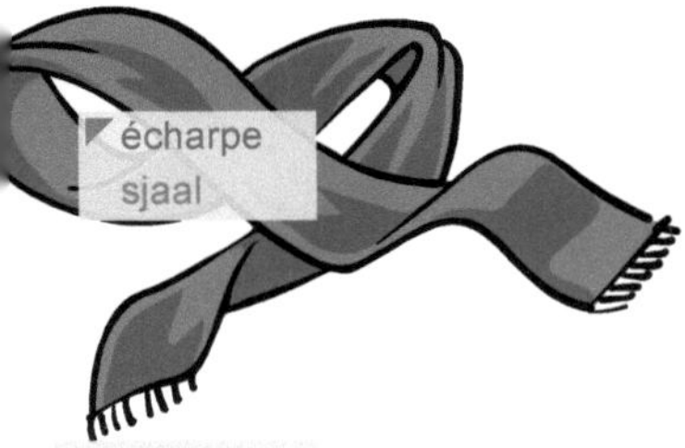

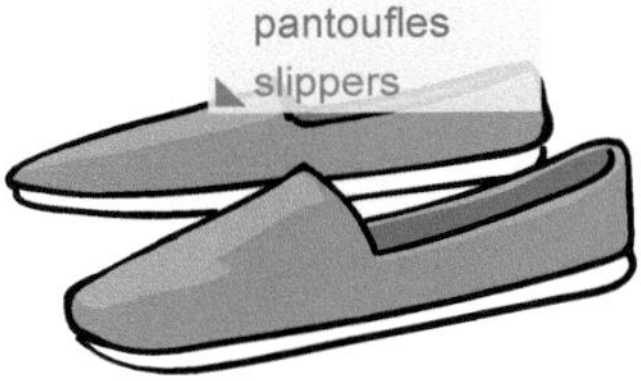

écharpe
sjaal

ceinture
riem

parapluie
paraplu

t-shirt
T-shirt

baskets
sneakers

bottes
laarzen

pantoufles
slippers

sandales
sandalen

chaussures
schoenen

bottes de caoutchouc
rubberlaarzen

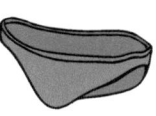

linge de corps
onderbroek

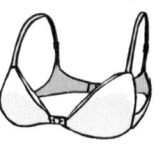

soutien-gorge
beha

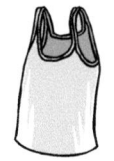

maillot de corps
onderhemd

body

lichaam

pantalon

broek

jean

jeans

jupe

rok

chemisier

blouse

chemise

hemd

pull

trui

pull-over à capuche

capuchontrui

veste

blazer

veste

jas

manteau

jas

imperméable

regenjas

costume

kostuum

robe

jurk

robe de mariée

trouwjurk

vêtements - kleding

costume
pak

chemise de nuit
nachthemd

pyjama
pyjama

sari
sari

foulard
hoofddoek

turban
tulband

burqa
boerka

caftan
kaftan

abaya
abaya

maillot de bain
badpak

costume de bain
zwembroek

cuissettes
short

tenue d'entraînement
trainingspak

tablier
schort

gants
handschoenen

vêtements - kleding

bouton
knoop

lunettes
bril

bracelet
armband

collier
ketting

bague
ring

boucle d'oreille
oorbel

bonnet
pet

cintre
kapstok

chapeau
hoed

cravate
das

fermeture éclair
rits

casque
helm

bretelles
bretellen

uniforme scolaire
schooluniform

uniforme
uniform

bavoir

slabbetje

sucette

fopspeen

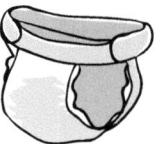

couche

luier

bureau
kantoor

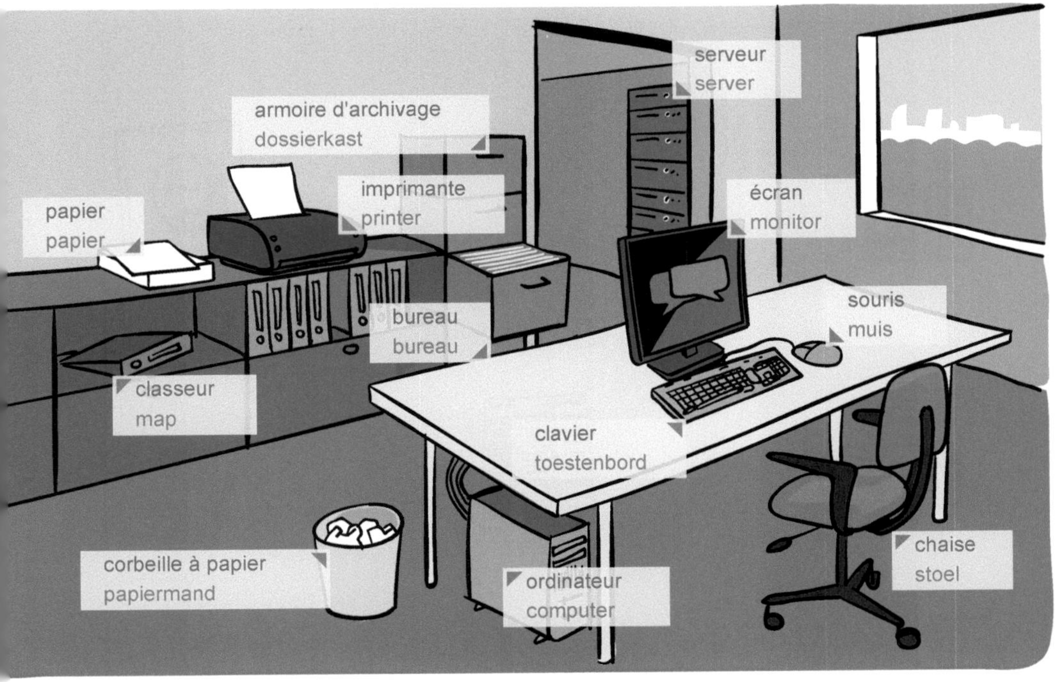

serveur
server

armoire d'archivage
dossierkast

imprimante
printer

écran
monitor

papier
papier

souris
muis

bureau
bureau

classeur
map

clavier
toestenbord

chaise
stoel

corbeille à papier
papiermand

ordinateur
computer

tasse à café

koffiemok

calculatrice

rekenmachine

internet

internet

ordinateur portable

laptop

lettre

brief

message

bericht

portable

gsm

réseau

netwerk

photocopieuse

kopieerapparaat

logiciel

software

téléphone

telefoon

prise

stopcontact

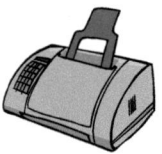

fax

fax

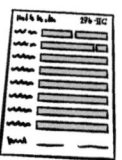

formulaire

formulier

document

document

acheter
....
kopen

payer
....
betalen

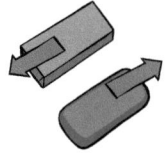

marchander
....
handelen

monnaie
....
geld

dollar
....
dollar

euro
....
euro

yen
....
yen

rouble
....
roebel

franc suisse
....
Zwitserse frank

renminbi yuan
....
Chinese renminbi

roupie
....
roepie

distributeur automatique
....
geldautomaat

bureau de change

wisselkantoor

or

goud

argent

zilver

pétrole

olie

énergie

energie

prix

prijs

contrat

contract

taxe

belasting

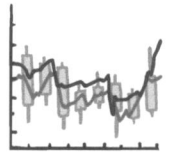

action

aandeel

travailler

werken

employé

werknemer

employeur

werkgever

usine

fabriek

magasin

winkel

économie - economie

agent de police
politieagent

pompier
brandweerman

cuisinier
kok

médecin
dokter

pilote
piloot

jardinier
tuinman

menuisier
timmerman

couturière
naaister

juge
rechter

chimiste
chemicus

acteur
acteur

conducteur de bus

buschauffeur

chauffeur de taxi

taxichauffeur

pêcheur

visser

femme de ménage

schoonmaakster

couvreur

dakdekker

serveur

ober

chasseur

jager

peintre

schilder

boulanger

bakker

électricien

elektricien

ouvrier

bouwvakker

ingénieur

ingenieur

boucher

slager

plombier

loodgieter

facteur

postbode

soldat

soldaat

architecte

architect

caissier

kassier

fleuriste

bloemist

coiffeur

kapper

contrôleur

conducteur

mécanicien

mecanicien

capitaine

kapitein

dentiste

tandarts

scientifique

wetenschapper

rabbin

rabbijn

imam

imam

moine

monnik

prêtre

geestelijke

outils
werktuigen

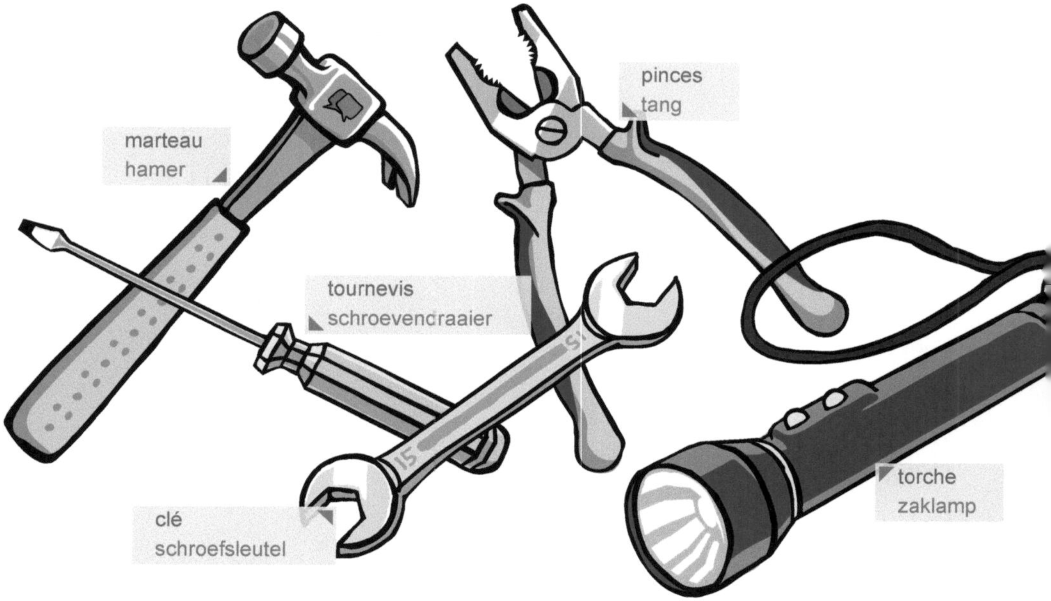

marteau
hamer

pinces
tang

tournevis
schroevendraaier

clé
schroefsleutel

torche
zaklamp

pelleteuse

graafmachine

boîte à outils

gereedschapskoffer

échelle

ladder

scie

zaag

clous

spijkers

perceuse

boormachine

réparer
....
repareren

pelle
....
schop

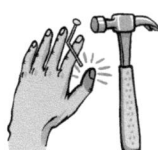

Mince!
....
Verdomme!

pelle
....
blik

pot de peinture
....
verfpot

vis
....
schroeven

instruments de musique
muziekinstrumenten

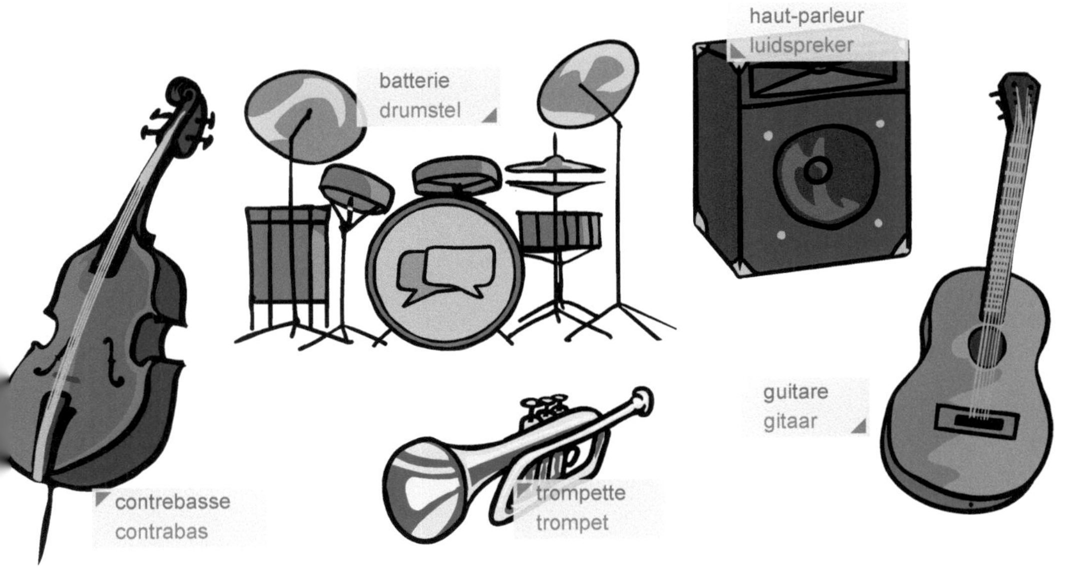

batterie
drumstel

haut-parleur
luidspreker

guitare
gitaar

contrebasse
contrabas

trompette
trompet

piano

piano

violon

viool

basse

basgitaar

timbales

pauk

tambour

trommels

piano électrique

keyboard

saxophone

saxofoon

flûte

fluit

microphone

microfoon

ZOO

ZOO

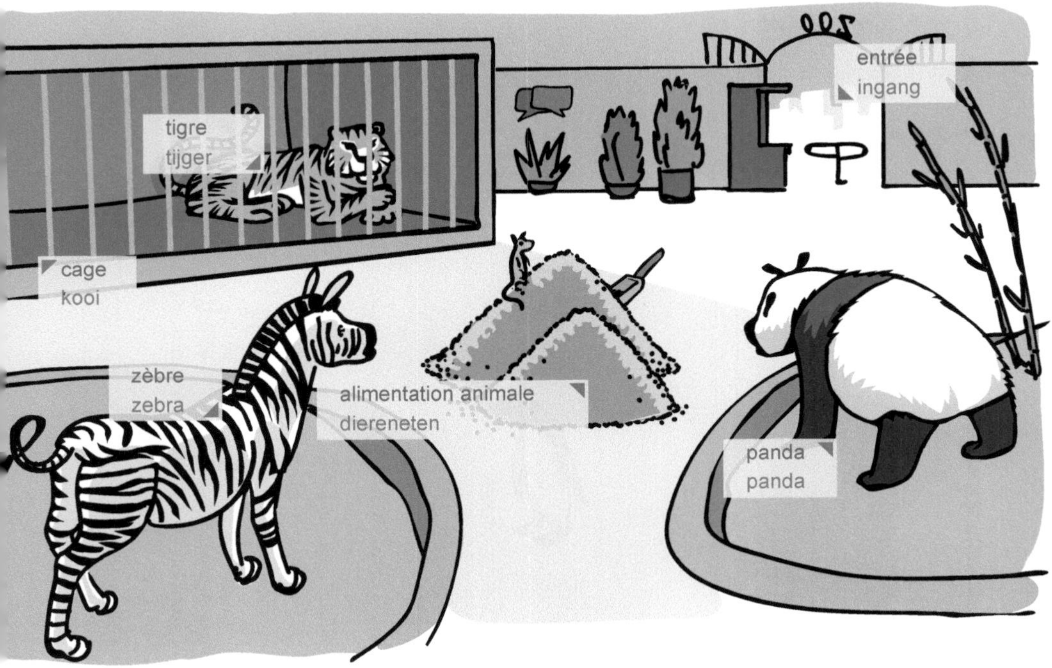
entrée
ingang
tigre
tijger
cage
kooi
zèbre
zebra
alimentation animale
diereneten
panda
panda

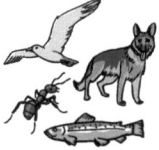

animaux
dieren

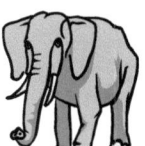

éléphant
olifant

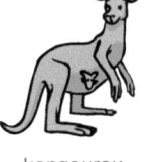

kangourou
kangoeroe

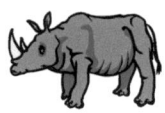

rhinocéros
neushoorn

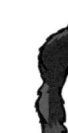

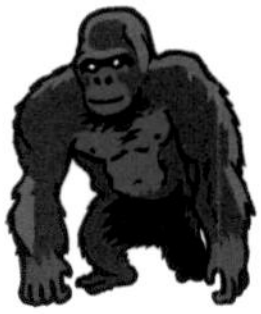
gorille
gorilla

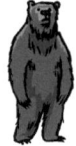

ours
beer

chameau
kameel

autruche
struisvogel

lion
leeuw

singe
aap

flamand rose
flamingo

perroquet
papegaai

ours polaire
ijsbeer

pingouin
pinguïn

requin
haai

paon
pauw

serpent
slang

crocodile
krokodil

gardien de zoo
dierenverzorger

phoque
zeehond

jaguar
jaguar

poney
pony

léopard
luipaard

hippopotame
nijlpaard

girafe
giraffe

aigle
adelaar

sanglier
wild zwijn

poisson
vis

tortue
zeeschildpad

morse
walrus

renard
vos

gazelle
gazelle

american Football
rugby

cyclisme
wielrennen

tennis
tennis

basket-ball
basketbal

natation
zwemmen

boxe
boksen

hockey sur glace
ijshockey

football
voetbal

badminton
badminton

athlétisme
atletiek

handball
handbal

ski
skiën

polo
polo

activités
activiteiten

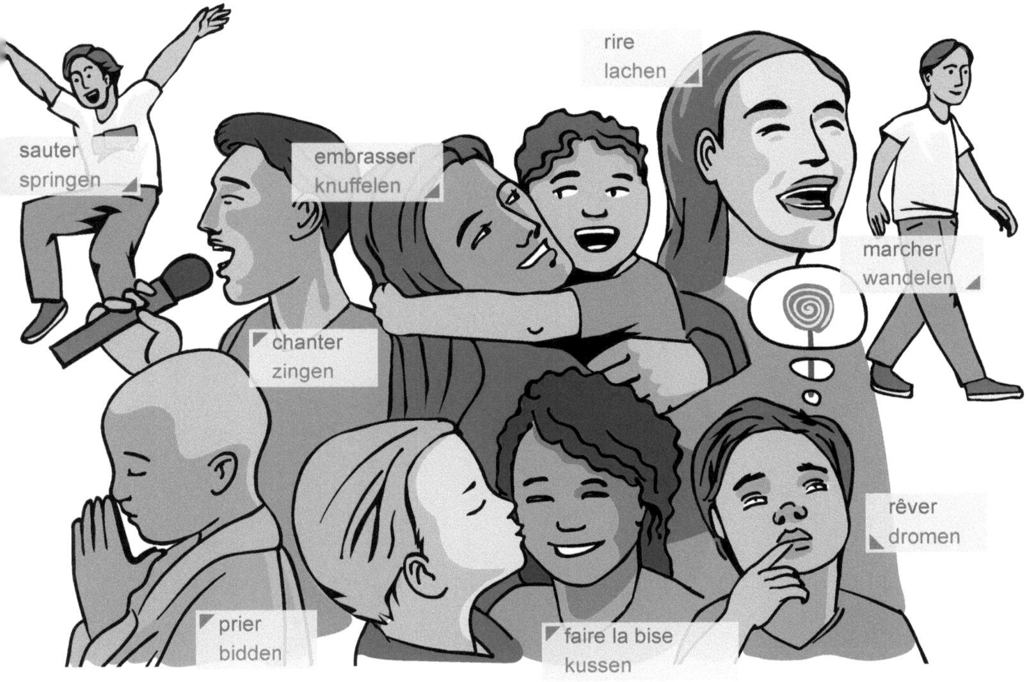
rire
lachen
sauter
springen
embrasser
knuffelen
marcher
wandelen
chanter
zingen
rêver
dromen
prier
bidden
faire la bise
kussen

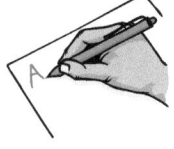

écrire
schrijven

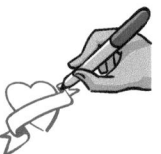

dessiner
tekenen

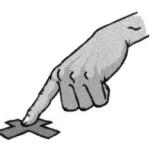

montrer
tonen

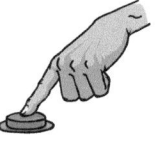

pousser
duwen

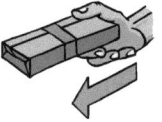

donner
geven

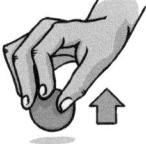

prendre
nemen

avoir

hebben

faire

doen

être

zijn

être debout

staan

courir

lopen

trier

trekken

jeter

gooien

tomber

vallen

être couché

liggen

attendre

wachten

porter

dragen

être assis

zitten

s'habiller

aankleden

dormir

slapen

se réveiller

ontwaken

regarder

kijken naar

pleurer

wenen

caresser

aaien

peigner

kammen

parler

praten

comprendre

begrijpen

demander

vragen

écouter

luisteren

boire

drinken

manger

eten

ranger

opruimen

aimer

houden van

cuire

koken

conduire

rijden

voler

vliegen

faire de la voile

zeilen

calculer

rekenen

lire

Lezen

apprendre

leren

travailler

werken

se marier

trouwen

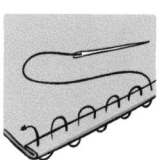

coudre

naaien

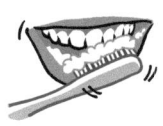

se brosser les dents

tandenpoetsen

tuer

doden

fumer

roken

envoyer

sturen

grand-mère
grootmoeder

grand-père
grootvader

père
vader

mère
moeder

bébé
baby

fille
dochter

fils
zoon

hôte
gast

tante
tante

oncle
oom

frère
broer

sœur
zus

corps
lichaam

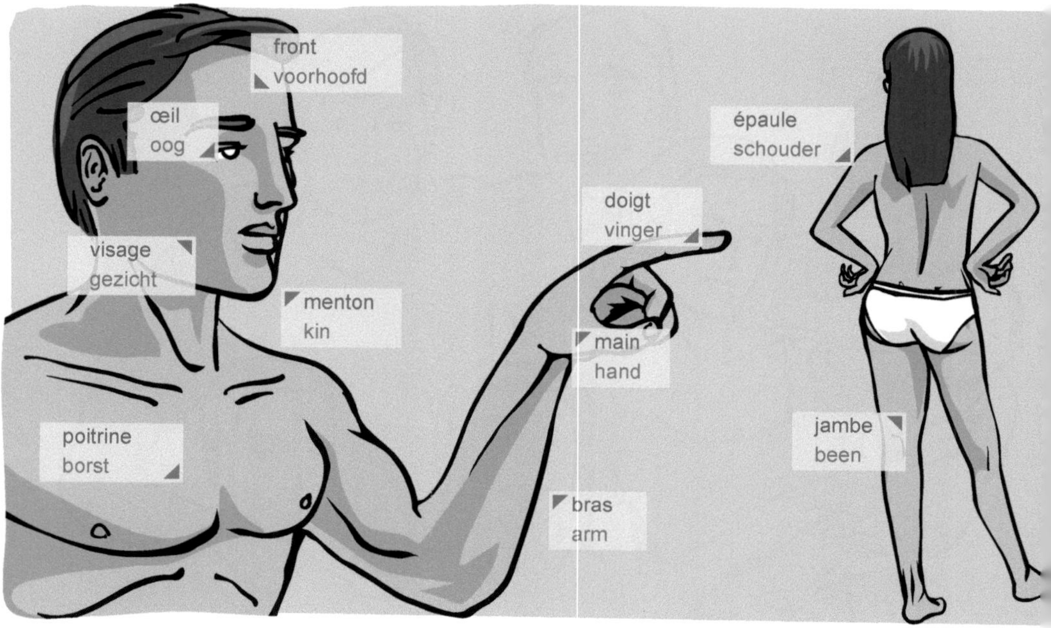

front
voorhoofd
œil
oog
visage
gezicht
menton
kin
poitrine
borst
doigt
vinger
main
hand
bras
arm
épaule
schouder
jambe
been

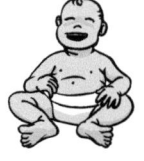

bébé
baby

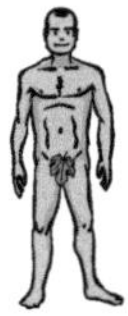

homme
man

femme
vrouw

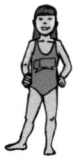

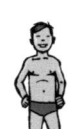

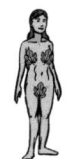

fille
meisje

garçon
jongen

tête
hoofd

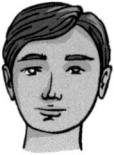

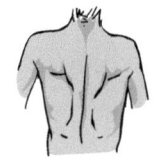

dos
rug

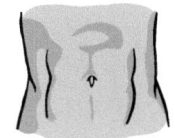

ventre
buik

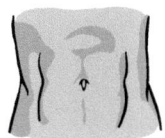

nombril
navel

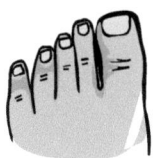

orteil
teen

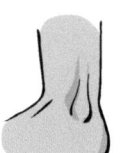

talon
hiel

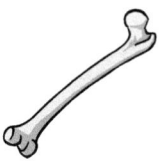

os
bot

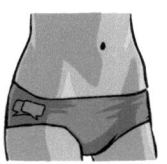

hanche
heup

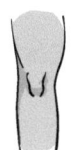

genou
knie

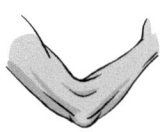

coude
elleboog

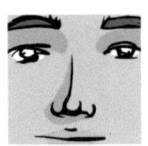

nez
neus

fesses
zitvlak

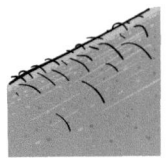

peau
huid

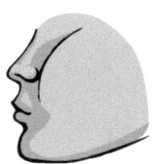

joue
wang

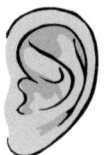

oreille
oor

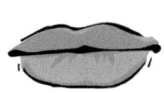

lèvre
lip

bouche

mond

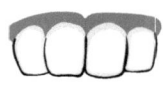

dent

tand

langue

tong

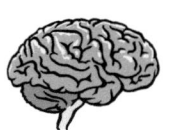

cerveau

hersenen

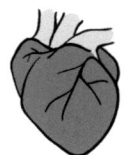

cœur

hart

muscle

spier

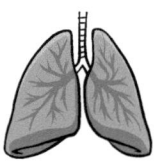

poumons

long

foie

lever

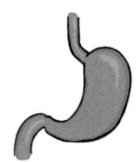

estomac

maag

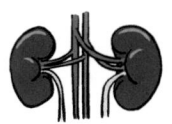

reins

nieren

rapport sexuel

seks

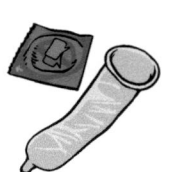

préservatif

condoom

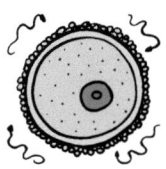

ovule

eicel

sperme

sperma

grossesse

zwangerschap

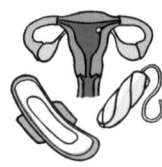

menstruation
menstruatie

vagin
vagina

pénis
penis

sourcil
wenkbrauw

cheveux
haar

cou
nek

hôpital
ziekenhuis

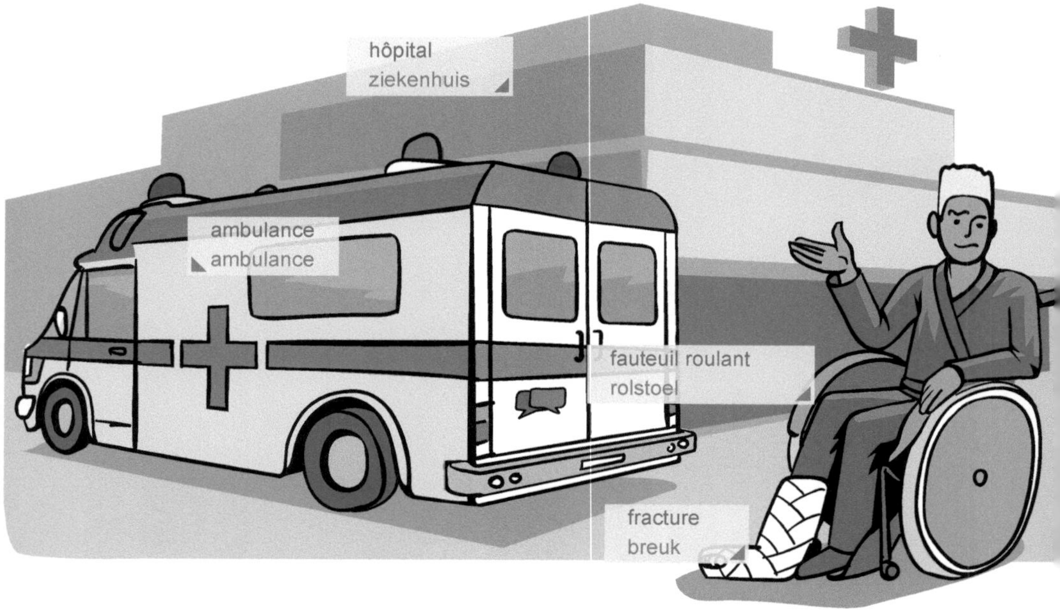

hôpital
ziekenhuis

ambulance
ambulance

fauteuil roulant
rolstoel

fracture
breuk

médecin

dokter

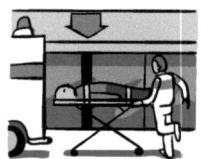

service des urgences

spoed

infirmière

verpleegkundige

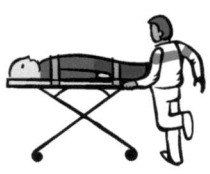

urgence

noodgeval

inconscient

bewusteloos

douleur

pijn

blessure
verwonding

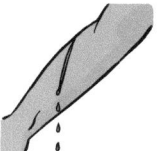

hémorragie
bloeding

crise cardiaque
hartaanval

attaque cérébrale
beroerte

allergie
allergie

toux
hoest

fièvre
koorts

grippe
griep

diarrhée
diarree

mal de tête
hoofdpijn

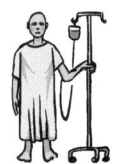

cancer
kanker

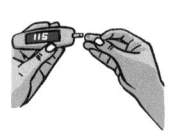

diabète
diabetes

chirurgien
chirurg

scalpel
scalpel

opération
operatie

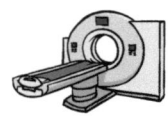

CT
CT

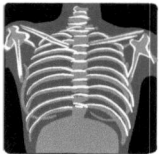

radiographie
röntgenstraal

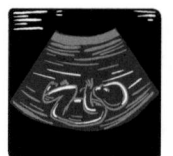

échographie
ultrageluid

masque
gezichtsmasker

maladie
ziekte

salle d'attente
wachtkamer

béquille
kruk

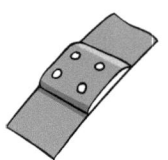

pansement
pleister

pansement
verband

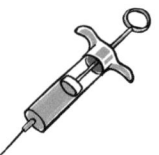

injection
injectie

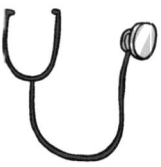

stéthoscope
stethoscoop

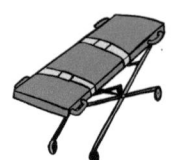

brancard
brancard

thermomètre
thermometer

accouchement
geboorte

surpoids
overgewicht

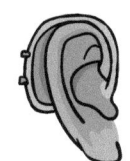

appareil auditif

hoorapparaat

désinfectant

ontsmettingsmiddel

infection

infectie

virus

virus

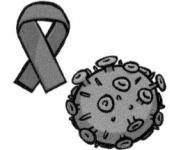

VIH / sida

HIV / AIDS

médicament

medicijn

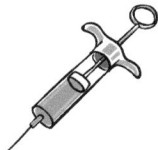

vaccination

vaccinatie

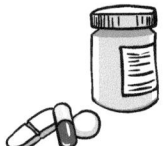

tablettes

tabletten

pilule

pil

appel d'urgence

noodoproep

tensiomètre

bloeddrukmeter

malade / sain

ziek / gezond

Au secours!

Help!

alarme

alarm

agression

overval

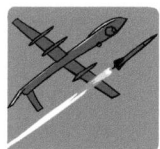

attaque

aanval

danger

gevaar

sortie de secours

nooduitgang

Au feu!

Brand!

extincteur

brandblusser

accident

ongeval

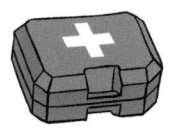

trousse de premier secours

EHBO-kit

SOS

SOS

police

politie

Europe

Europa

Amérique du Nord

Noord-Amerika

Amérique du Sud

Zuid-Amerika

Afrique

Afrika

Asie

Azië

Australie

Australië

Océan atlantique

Atlantische Oceaan

Océan pacifique

Stille Oceaan

Océan indien

Indische Oceaan

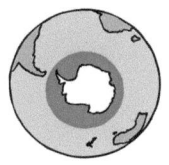

Océan antarctique

Antarctische Oceaan

Océan arctique

Arctische Oceaan

Pônord

Noordpool

Pôsud
Zuidpool

Antarctique
Antarctica

terre
aarde

pays
land

mer
zee

île
eiland

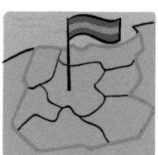

nation
natie

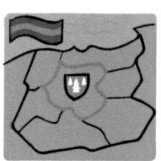

état
staat

cadran

wijzerplaat

aiguille des heures

uurwijzer

aiguille des minutes

minuutwijzer

aiguille des secondes

secondewijzer

Quelle heure est-il?

Hoe laat is het?

jour

dag

temps

tijd

maintenant

nu

montre digitale

digitale horloge

minute

minuut

heure

uur

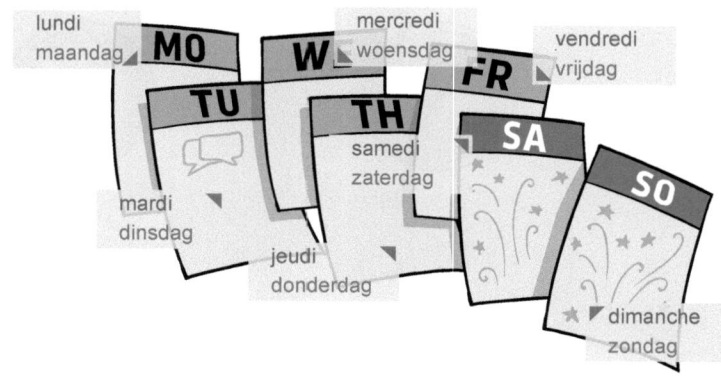

lundi
maandag MO

mercredi
woensdag W

vendredi
vrijdag FR

TU

TH

SA

mardi
dinsdag

samedi
zaterdag

jeudi
donderdag

SO

dimanche
zondag

hier
....
gisteren

aujourd'hui
....
vandaag

demain
....
morgen

matin
....
ochtend

midi
....
middag

soir
....
avond

MO	TU	WE	TH	FR	SA	SU
1	2	3	4	5	6	7
8	9	10	11	12	13	14
15	16	17	18	19	20	21
22	23	24	25	26	27	28
29	30	31	1	2	3	4

jours ouvrables
....
werkdagen

MO	TU	WE	TH	FR	SA	SU
1	2	3	4	5	6	7
8	9	10	11	12	13	14
15	16	17	18	19	20	21
22	23	24	25	26	27	28
29	30	31	1	2	3	4

week-end
....
weekend

année
jaar

pluie
regen
arc-en-ciel
regenboog
neige
sneeuw
vent
wind
printemps
lente
été
zomer
automne
herfst
hiver
winter

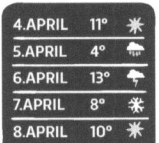

4.APRIL 11°
5.APRIL 4°
6.APRIL 13°
7.APRIL 8°
8.APRIL 10°

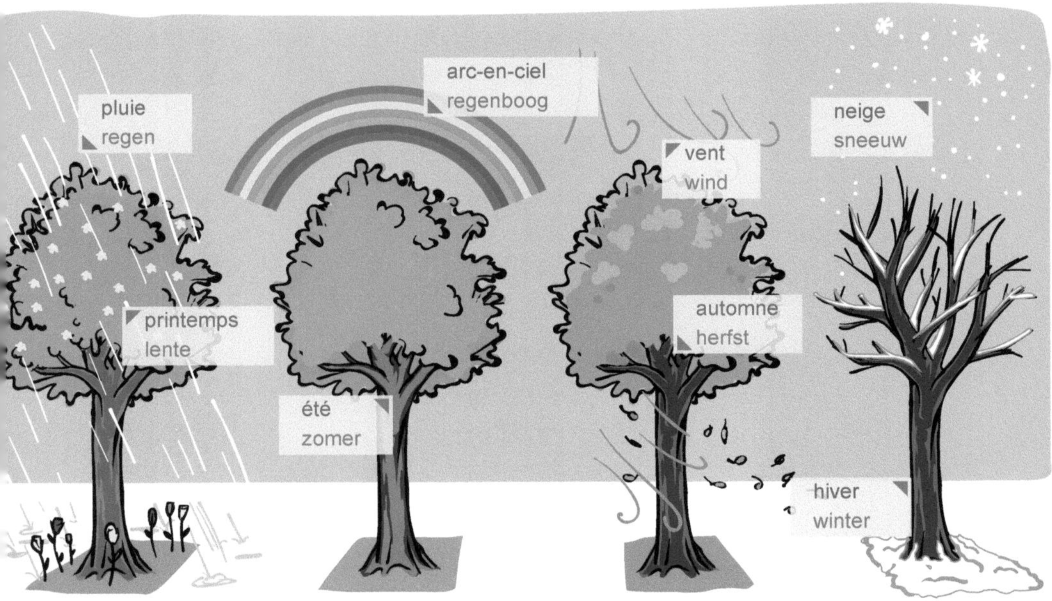

météo
....
weervoorspelling

F C
120 40
90 30
60 20
30 10
0 0
-30 -10
-20

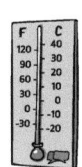

thermomètre
....
thermometer

lumière du soleil
....
zonneschijn

nuage
....
wolk

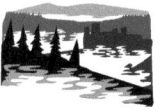

brouillard
....
mist

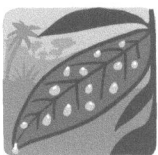

humidité
....
vochtigheid

foudre
bliksem

tonnerre
donder

tempête
storm

grêle
hagel

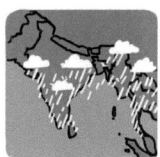

mousson
moesson

inondation
overstroming

glace
ijs

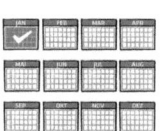

janvier
januari

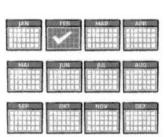

février
februari

mars
maart

avril
april

mai
mei

juin
juni

juillet
juli

août
augustus

année - jaar

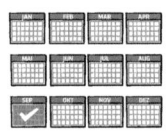

septembre
september

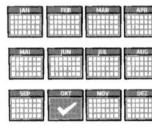

octobre
oktober

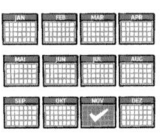

novembre
november

décembre
december

cercle
cirkel

carré
kwadraat

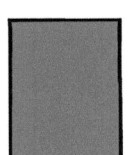

rectangle
rechthoek

triangle
driehoek

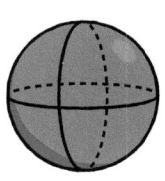

sphère
bol

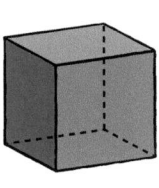

cube
kubus

blanc
wit

jaune
geel

orange
oranje

rose
roze

rouge
rood

violet
paars

bleu
blauw

vert
groen

marron
bruin

gris
grijs

noir
zwart

beaucoup / peu

veel / weinig

fâché / calme

boos / kalm

joli / laid

mooi / lelijk

début / fin

begin / einde

grand / petit

groot / klein

clair / obscure

licht / donker

frère / sœur

broer / zus

propre / sale

proper / vuil

complet / incomplet

volledig / onvolledig

jour / nuit

dag / nacht

mort / vivant

dood / levend

large / étroit

breed / smal

comestible / incomestible

eetbaar / oneetbaar

méchant / gentil

kwaadaardig / vriendelijk

excité / ennuyé

opgewonden / verveeld

gros / mince

dik / dun

premier / dernier

eerst / laatst

ami / ennemi

vriend / vijand

plein / vide

vol / leeg

dur / souple

hard / zacht

lourd / léger

zwaar / licht

faim / soif

honger / dorst

malade / sain

ziek / gezond

illégal / légal

illegaal / legaal

intelligent / stupide

intelligent / dom

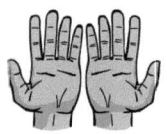

gauche / droite

links / rechts

proche / loin

dichtbij / veraf

nouveau / usé

nieuw / gebruikt

rien / quelque chose

niets / iets

vieux / jeune

oud / jong

marche / arrêt

aan / uit

ouvert / fermé

open / dicht

faible / fort

stil / luid

riche / pauvre

rijk / arm

correct / incorrect

juist / fout

rugueux / lisse

ruw / glad

triste / heureux

droevig / blij

court / long

kort / lang

lent / rapide

traag / snel

mouillé / sec

nat / droog

chaud / froid

warm / koud

guerre / paix

oorlog / vrede

0

zéro

nul

1

un

één

2

deux

twee

3

trois

drie

4

quatre

vier

5

cinq

vijf

6

six

zes

7

sept

zeven

8

huit

acht

9

neuf

negen

10

dix

tien

11

onze

elf

12
douze

twaalf

13
treize

dertien

14
quatorze

veertien

15
quinze

vijftien

16
seize

zestien

17
dix-sept

zeventien

18
dix-huit

achtien

19
dix-neuf

negentien

20
vingt

twintig

100
cent

honderd

1.000
mille

duizend

1.000.000
million

miljoen

anglais

Engels

anglais américain

Amerikaans Engels

chinois mandarin

Chinees (Mandarijn)

hindi

Hindi

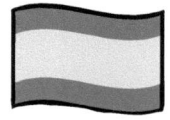

espagnol

Spaans

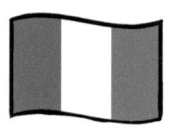

français

Frans

arabe

Arabisch

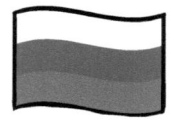

russe

Russisch

portugais

Portugees

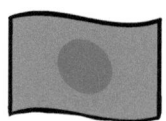

bengali

Bengali

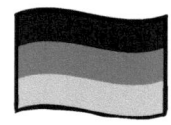

allemand

Duits

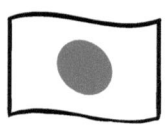

japonais

Japans

je

ik

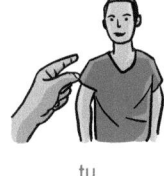

tu

u

il / elle

hij / zij / het

nous

wij

vous

u

ils / elles

ze

qui?

wie?

quoi?

wat?

comment?

hoe?

où?

waar?

quand?

wanneer?

nom

naam

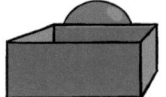

derrière

achter

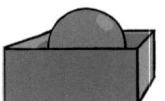

dans

in

devant

voor

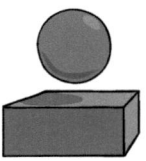

au-dessus

boven

sur

op

en-dessous

onder

à côté de

naast

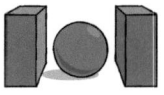

entre

tussen

lieu

plaats